Las Palmas 2009.

To Nat,

We'll be expecting a feast when we come to visit!

¡Que Aproveche!

Besitos,

Nicky,

We'll practice some more recipes to bring back home, Enjoy!

Besitos!

Lindsay

Enjoy! Yum yum

Gutted I wont get to taste any of it for a while but a feast we await indeed!

Sian

xxx

LO MEJOR DE LA COCINA CANARIA

Antología de la Cocina del Archipiélago Canario

FELISA VERA
REMEDIOS SOSA
ANA LEAL
YURENA DÍAZ

CENTRO DE LA CULTURA POPULAR CANARIA

www.centrodelacultura.com
centrodelacultura@centrodelacultura.com
Tenerife: 922 82 78 00/82 20 00 // 922 82 78 01 (fax)
Gran Canaria: 928 39 00 80 // 928 39 00 67 (fax)

Primera edición: 1987
Segunda edición: 1988
Tercera edición: 1993
Cuarta edición: 1995
Quinta edición: 1998
Sexta edición: 2001
Séptima edición: 2004
Octava edición: 2007

Directora de Publicaciones: M. Carmen Otero Alonso

Coordinación General:
César Rodríguez Placeres
Remedios Sosa Díaz

Fotografías de cubierta: Roberto de Armas (cedidas por la Obra Social de CajaCanarias)

Corrección de pruebas y maquetación: Alberto Hernández Salazar

Diseño de cubierta: Centro de la Cultura Popular Canaria

Impresión: GZ PRINTEK, S.A.L.
Polígono Torrelarragoiti -P-4
48170 Zamudio (Vizcaya)

ISBN: 978- 84-7926-362-1

Depósito Legal: TF 2.018-07

A MODO DE PRESENTACIÓN

Como indica su título, esta «Antología de la Cocina del Archipiélago Canario» pretende recoger lo más representativo de la gastronomía de las islas, utilizando, como es lógico, aquellos ingredientes propios de Canarias.

De este modo nos encontramos con un tipo de comidas y postres característicos y diferenciados tanto por el modo de realizarlos como por los ingredientes empleados.

Con respecto al vocabulario utilizado en el presente libro, debemos aclarar ciertos nombres de utensilios conocidos por los isleños, pero no tanto por quienes no conozcan de cerca nuestra cocina.

Destacaríamos:

– **Lebrillo:** *vasija de barro circular más ancha por el borde que por el fondo, que se usaba como bandeja en todos los hogares.*

– **Milana:** *bandeja rectangular de lata, de poca altura, que se usa para colocar al horno ciertos postres. En La Gomera se la conoce con el nombre de vilana, de ahí viene el nombre de «Torta de vilana».*

Evidentemente en las recetas se recomienda el uso de ciertos recipientes, pero cualquier otro análogo que se tenga puede servir sin mayor problema.

También indicar que hay ciertos alimentos que se conocen con distintos nombres, dependiendo de la zona de donde proceden; así la batata es conocida como boniato en La Palma, y la hortelana es designada en ciertas zonas como hierbabuena o hierbahuerto.

Debemos agradecer a un buen número de personas la colaboración que encontramos para la realización de este libro, y en especial a: Carmen Delia Leal, Elizabeth Ramos, Flora Lilia Barrera y María del Carmen Otero.

Finalmente nos resta aclarar que las cantidades empleadas en estas recetas están calculadas aproximadamente para cuatro personas.

SOPA DE MARISCOS

Ingredientes

Se pueden utilizar diversos mariscos: cangrejos, lapas, burgados, mejillones y cangrejillos; también es conveniente usar la cabeza de un pescado y un pedacito del mismo, 3 tomates, 1 cebolla, 1 diente de ajo, pimentón, perejil, azafrán, 1 pimiento verde, hortelana, 1 vaso pequeño de arroz, aceite y sal.

Preparación

Si utilizamos la cabeza y un trozo de pescado, lo primero que hacemos es dorarlos en aceite, con la cebolla, tomates, pimiento verde y perejil, todo picado.

Añadimos un majado de ajos con un poquito de sal, azafrán y una cucharadita de pimentón, poniendo también los mariscos: lapas, burgados, etc.

Vertemos por último esta fritura en un caldero con agua y le ponemos también una ramita de hortelana.

Se deja hervir un rato, colándolo a continuación, y por último le añadimos el arroz y nuevamente los mariscos y el pescado desmenuzado, continuando al fuego hasta que el arroz se ablande.

SOPA DE AJOS

Ingredientes

1 cabeza de ajos, ½ vaso grande de aceite, 1 pan cortado en lascas, 1 huevo por persona y sal.

Preparación:

Majamos los ajos y los freímos en un cazo con un fisquito de aceite, teniendo cuidado de no dejarlo quemar.

Añadimos ahora el agua y la sal necesaria, y dejamos que hierva.

Mientras tanto, vamos dorando un poco las lascas de pan que ponemos en el caldero, y un momento antes de apartar la sopa del fuego se cascan los huevos y se le añaden sin batir.

PUCHERO

Ingredientes

200 g de garbanzos, 500 g de carne de res, 500 g de carne de cochino, 1 k de col, 200 g de calabaza, 1 chayota, 200 g de habichuelas, 1 piña de millo, 1 batata, 1 k de papas, 2 ó 3 peras (serimeñas), 30 g de bubangos, 1 ajo porro, 1 cabeza de ajos, 1 cebolla, 1 tomate, azafrán de la tierra, tomillo y sal.

Preparación:

Una noche antes de preparar el puchero dejamos los garbanzos en remojo.

Al día siguiente ponemos los garbanzos y la carne en un caldero con agua al fuego, y añadimos además el ajo porro, la cebolla y el tomate bien picaditos, el tomillo, azafrán y un majado de ajos con sal.

Pasado un rato, cuando dichos ingredientes estén cocinados, se añaden las verduras partidas en trozos grandes (las habichuelas se atan con un cordón).

Dejamos el puchero al fuego otro rato para que se cocine todo.

Con el caldo podemos preparar una sopa y un escaldón[1].

Las verduras se sirven en una bandeja (sin el caldo), y se pueden acompañar con un mojito de cilantro.

---

(1) Ver página 35.

ROPA VIEJA

Ingredientes

500 g de garbanzos, 1 k de papas, 500 g de carne de cochino o de res, 500 g de carne de gallina, 1 vaso pequeño de vino, 2 tomates, 1 cebolla, 1 pimiento, 3 dientes de ajo, tomillo, laurel, azafrán, perejil, pimientas negras, pimentón y sal.

Preparación:

La noche anterior dejamos los garbanzos en remojo.

En el momento de prepararlos ponemos un caldero con agua al fuego y cuando hierva añadimos los garbanzos, la carne y un puñadito de sal.

Una vez que se ablanden los ingredientes escurrimos el caldo, partimos la carne de cochino en pedacitos y la de gallina se desmenuza bien.

Aparte vamos preparando una fritura: picando la cebolla, tomates y pimientos, añadiendo a esto un majado de ajos con 2 ó 3 pimientas negras, una cucharadita de pimentón, un poco de azafrán y un fisquito de sal.

Se fríe todo con un chorro de aceite, agregándole cuando esté casi a punto, un vasito de vino, el perejil picado, el tomillo, el laurel, los garbanzos y la carne, y se deja un ratito más al fuego.

Finalmente freímos las papas en cuadritos que añadimos a la Ropa Vieja antes de servirla.

POTAJE DE LENTEJAS

Ingredientes

500 g de lentejas, 500 g de calabaza, 500 g de papas, 2 piñas de millo, un trozo de panceta o chorizo de comida, 1 cebolla, 2 ó 3 tomates, 3 dientes de ajo, 1 pimiento verde, aceite, azafrán, pimentón y sal.

Preparación:

Una vez limpias las lentejas, las ponemos en un caldero con agua, añadimos también la calabaza, papas, piñas, cebollas, tomates, pimiento, panceta y ajos. Todo bien picadito.

Finalmente agregamos un vaso pequeño de aceite, un poco de sal, media cucharadita de pimentón y el azafrán.

Ponemos el caldero al fuego hasta que se cocinen los ingredientes, sin olvidarnos de echarle una ojeada de vez en cuando para que no se peguen.

POTAJE DE COLES VERDES

Ingredientes

1 col verde, 500 g de judías de color, 250 g de costilla de cochino, 2 k de papas, 1 cabeza de ajos, pimentón, 1 cebolla, 2 tomates, ½ pimiento verde, aceite y sal.

Preparación:

La noche anterior dejamos las judías en remojo; en el momento de preparar el potaje las ponemos, junto con la costilla, en un caldero con agua al fuego.

Cuando rompan a hervir, vamos añadiendo la col picada menuda, las papas también partidas y lo mismo hacemos con la cebolla, tomates y pimiento; añadimos además un majado de ajos con sal y pimentón y un poquito de aceite.

Se aparta el potaje del fuego cuando todos los ingredientes estén bien guisaditos.

POTAJE DE JARAMAGOS

Ingredientes

500 g de jaramagos, 2 k de papas, 500 g de calabaza, 500 g de judías blancas, 500 g de carne de cochino, 500 g de batatas, 500 g de ñame (si se quiere), 2 ó 3 tomates, 1 cebolla, 3 dientes de ajo, pimentón, cominos, aceite, azafrán y sal.

Preparación:

Ponemos a guisar las judías y la carne en un caldero con agua.

En un cazo aparte, hervimos los jaramagos, ya que de lo contrario darían un sabor amargo al potaje.

Cuando estén a medio guisar las judías, ponemos los jaramagos picaditos, la calabaza, las papas, batatas, tomates y cebolla (todo partido en trocitos), un vaso pequeño de aceite y por último un majado de ajos con varios granos de cominos, un poco de azafrán, una cucharadita de pimentón y un fisquito de sal.

Lo dejamos al fuego el tiempo suficiente para que se cocinen bien todos ingredientes.

POTAJE DE BUBANGOS

Ingredientes

3 bubangos, 250 g de calabaza, 2 zanahorias, 1 k de papas, 1 cebolla, 2 dientes de ajo, 1 piña de millo, tomillo, aceite y sal.

Preparación:

Primero procedemos a raspar los bubangos (si son tiernos, si no los pelamos) y los partimos en trocitos, poniéndolos al fuego en un caldero con agua. Lo mismo haremos con la calabaza, zanahorias, papas y piña.

Luego la cebolla, ajos y perejil (todo picadito) y una rama de tomillo, sin olvidarnos del poquito de sal y el chorro de aceite correspondientes.

Se apartará del fuego cuando esté todo bien guisado.

POTAJE DE ACELGAS

Ingredientes

500 g de acelgas, 250 g de garbanzos, 500 g de calabaza, 1 k de papas, 250 g de costilla de cochino, 1 piña de millo, 1 cebolla, 2 ó 3 tomates, 2 dientes de ajo, azafrán, pimentón, aceite y sal.

Preparación:

Dejamos la noche anterior los garbanzos y la costilla en remojo (en recipientes separados).

Ponemos un caldero con agua al fuego, y cuando comience a hervir, añadimos los garbanzos, la costilla y las acelgas picadas; lo mismo hacemos con la calabaza, las papas, piña, cebolla, tomates y ajos.

Agregamos finalmente un poco de aceite, un puñadito de sal, una cucharadita de pimentón y azafrán, dejando todo al fuego hasta que se cocine.

POTAJE DE BERROS

Ingredientes

500 g de berros, 250 g de judías, 1,5 k de papas, 250 g de carne de cochino salada, 1 piña de millo, 1 cebolla, 1 tomate, 2 ó 3 dientes de ajos, pimiento verde, azafrán y aceite.

Preparación:

La noche anterior, dejamos las judías en remojo, al igual que la carne salada (en recipientes distintos).

Al día siguiente, ponemos las judías al fuego en un caldero con agua espantándolas cuando rompan a hervir. Añadimos después los berros picaditos con la carne y la piña. Dejamos guisar un poco estos ingredientes y ponemos luego las papas partidas en trozos, la cebolla, el tomate, el pimiento verde (todo picadito), los ajos majados y, por último, un chorrito de aceite y un poco de azafrán. Lo dejamos otro rato al fuego para que todos los ingredientes queden bien cocinados, y se aparta.

Es propio de las islas acompañar este sabroso potaje con un buen escaldón, un trozo de queso tierno y una cebolla picada.

POTAJE DE LECHE

Ingredientes

1 k de pantana, 1 k de batata, 500 g de papas, 1 ó 2 piñas de millo, 250 g de calabaza, leche, 1 vaso pequeño de arroz, azúcar y sal.

Preparación:

En un recipiente, ponemos toda la verdura picada con los granos de la piña, y lo guisamos todo con el mínimo de agua y un poquito de sal.

En otro recipiente aparte, se pone a guisar el arroz con el doble de agua y un poquito de leche, y cuando esté listo lo ponemos en el caldero con la verdura y se deja al fuego hasta que se termine de cocinar, es entonces cuando añadimos leche hasta cubrir bien todos los ingredientes y un poco de azúcar al gusto.

En cuanto hierva, se aparta del fuego para que la leche no se corte.

POTAJE DE GARBANZOS

Ingredientes

500 g de garbanzos, 250 g de costilla de cochino, 1,5 k de papas, 1 piña de millo, 1 cebolla, ½ cabeza de ajos, pimentón y sal.

Preparación:

La noche anterior ponemos los garbanzos y la costilla en remojo en recipientes separados.

Al siguiente día, guisamos ambos ingredientes con agua y un puñadito de sal, añadiendo además las papas partidas, lo mismo que la piña, cebolla y ajos. Sólo nos falta ponerle un chorrito de aceite y una cucharadita de pimentón.

De este modo dejamos el caldero al fuego hasta que los ingredientes se guisen.

ALMOGROTE

Ingredientes

500 g de queso duro, 500 g de tomates maduros, 6 dientes de ajo, 1 pimienta picona, aceite y sal.

Preparación:

Majamos los ajos en un mortero con la pimienta (a la que se le han quitado las granillas y las venas) y un poco de sal.

A continuación quitamos la piel y las semillas de los tomates, y los escachamos con ayuda de un tenedor.

Una vez que estén bien moliditos, les agregamos el majado de ajos con la pimienta y mezclamos todo.

Por otra parte, rallamos el queso y lo introducimos en el recipiente con lo anterior, le agregamos un chorrito de aceite, batiendo continuamente hasta conseguir que la salsa quede bien ligada.

MOJO DE QUESO

Ingredientes

500 g de queso duro, 4 dientes de ajo, 1 pimiento verde, cominos y sal.

Preparación:

Majamos en un mortero los ajos con la pimienta (sin semillas ni venas, para que no quede muy picón), un fisquito de sal y unos cominos; por otro lado rallamos el queso y lo mezclamos con el majado. Añadimos por último un chorrito de agua y otro de aceite (si se quiere), removiendo bastante para que quede bien ligadito.

Otro modo más rápido de hacer el mojo consiste en introducir estos ingredientes en la batidora, sin necesidad de rallar el queso, añadiéndole el agua poco a poco hasta darle la consistencia deseada.

MOJO COLORADO

Ingredientes

3 ó 4 pimientas coloradas, una cabeza pequeña de ajos, cominos, aceite, vinagre, pimentón y sal.

Preparación:

Tostamos media cucharadita de cominos y los majamos en un mortero.

Ablandamos las pimientas poniéndolas un buen rato en agua caliente y las machacamos, sin venas ni semillas, con los cominos.

Luego añadimos los ajos con un poquito de sal y seguimos majando, un vaso pequeño de aceite, un chorrito de vinagre y un poquito de agua.

Mezclamos todo bien y ya está listo para servir.

Otra clase de mojo colorado, más suave, es el que se prepara con azafrán de la tierra, caliente y bien majado con miga de pan empapada en aceite, ajos, cominos, pimentón y sal. Al final se le añade un chorro de aceite, vinagre y una cucharadita de pimentón, removiendo todo muy bien.

MOJO VERDE

ingredientes

3 ó 4 pimientas verdes, una cabeza pequeña de ajos, cominos, perejil, aceite, vinagre y sal.

Preparación:

En un mortero, majamos los siguientes ingredientes: una cucharadita de cominos, los ajos y un poquito de sal. A continuación ponemos la pimienta en trozos y una ramita de perejil picado, machacando continuamente.

Por último añadimos un vaso pequeño de aceite, un chorro de vinagre y un poquito de agua.

MOJO DE CILANTRO

Ingredientes

1 cabeza de ajos, ½ pimienta verde o roja, 1 manojo de cilantro, cominos, aceite, vinagre y sal.

Preparación:

Lo primero que hacemos es tostar una cucharadita de cominos, los ponemos seguidamente en un mortero y los majamos; añadimos entonces los ajos, el cilantro, la pimienta, un poquito de sal y seguimos majando.

Agregamos, finalmente, un vaso pequeño de aceite, un chorrito de vinagre y otro de agua.

LENTEJAS COMPUESTAS

Ingredientes

500 g de lentejas, 1 cebolla, 3 tomates, 3 dientes de ajo, 1 pimiento, 1 vaso pequeño de vino, 200 g de tocino, 1 huevo por persona, chorizo de comida, pimientas negras, tomillo, laurel, pimentón y sal.

Preparación:

En un caldero con agua, ponemos el tocino en trocitos y las lentejas (una vez escogidas) colocándolo al fuego hasta que hierva, sin despistarnos de vigilarlo de vez en cuando, para que no se merme el agua y se nos peguen las lentejas.

Por otro lado vamos haciendo una fritura con los ingredientes que usamos siempre: cebollas, tomates y pimientos, todo picado, los ajos majados con 3 pimientas negras y un poquito de sal, tomillo, laurel, el chorizo partido en trozos y el vino.

Una vez preparada la fritura, la incorporamos al caldero con las lentejas y lo dejamos otro ratito al fuego hasta que se terminen de guisar.

Las lentejas se pueden servir acompañadas con huevos duros partidos en ruedas (uno por comensal) y pan frito.

CALDO DE PAPAS Y HUEVOS

Ingredientes

2 k de papas, 1 cebolla, 2 tomates, 2 dientes de ajo, 1 ajo porro (si se quiere), 1 huevo por persona, perejil, cilantro, pimentón, azafrán, aceite y sal.

Preparación:

Ponemos en un caldero las papas peladas y partidas en trozos, junto con la cebolla, tomates, ajo porro y perejil, todo muy bien picadito. Añadimos ahora un vaso pequeño de aceite, un poquito de azafrán, una rama de cilantro, una cucharadita de pimentón y los ajos majados con la sal.

Lo ponemos al fuego removiendo continuamente hasta que los ingredientes se doren un poquito. Es entonces cuando añadimos el agua suficiente para cubrir bien las papas; una vez que éstas se ablanden, cascamos los huevos y los añadimos al caldo batiendo sólo uno de ellos.

PAPAS CON PIÑAS Y COSTILLAS

Ingredientes

2 k de papas, 1 k de costilla de cochino salada y 4 ó 5 piñas de millo tiernas.

Preparación:

Ponemos en remojo la costilla desde la noche antes.

Al siguiente día la metemos en un caldero con agua, cortada en trozos con las piñas partidas también.

Cuando estos ingredientes alcancen su punto, añadimos las papas peladas y partidas en dos si son grandes.

Una vez cocinado todo, le escurrimos el agua y lo servimos en una bandeja.

Este es un sabrosísimo plato, pero aún lo es más si lo acompañamos con un mojo de cilantro, unas pelotitas de gofio y un buen vaso de vino de la tierra.

PAPAS VIUDAS

Ingredientes

1,5 k de papas, 3 tomates, 2 cebollas, 1 pimiento, 6 dientes de ajo, 1 huevo por persona, vino blanco, perejil, tomillo, laurel y sal.

Preparación:

Pelamos las papas, las partimos en rodajas y las ponemos a hervir con agua y sal.

Por otra parte vamos preparando una fritura con las cebollas, los tomates y el pimiento, todo picado, una ramita de tomillo, laurel, perejil y ajos machacados.

Cuando esté bien fritita, le ponemos un vaso pequeño de vino, la removemos y vertemos sobre las papas que habrán sido escurridas.

Antes de apartar las papas del fuego, les damos un hervor final y las servimos calentitas acompañadas con huevos duros.

De la misma manera podemos preparar las arvejas, a las que siempre añadiremos huevos duros.

PAPAS ARRUGADAS

Ingredientes

2 k de papas (no muy grandes), 5 puñados de sal y 1 hoja de col.

Preparación:

Lavamos bien las papas y las metemos en un caldero con agua (que no cubra las papas del todo); añadimos la sal y las tapamos con la hoja de col.

De esta manera se ponen al fuego, hasta que al pincharlas con el tenedor notemos que están bien blanditas; entonces escurrimos el agua, quitando también la hoja de col, y dejamos las papas un ratito más al fuego.

CHAYOTAS RELLENAS

Ingredientes

5 chayotas, 500 g de carne molida, aceitunas sin pipas, ajos, un vaso pequeño de leche, un pedacito de pan, 2 huevos duros, pimientas negras, perejil, 1 cebolla, 3 tomates, pimentón, vino y sal.

Preparación:

Pelamos y cortamos las chayotas en dos mitades quitándoles el hueso. Las ponemos a cocinar con agua y un poco de sal apartándolas cuando estén blandas (no mucho) y escurrimos el agua.

Ahora vamos preparando el relleno. Mezclamos la carne molida con el perejil, los huevos duros, las aceitunas y ajos (todo muy picadito), añadimos el pan mojado en leche y 2 ó 3 pimientas negras majadas. Freímos esta masa con un poquito de aceite y rellenamos las chayotas. Se untan (por la parte del relleno) con un huevo batido, espolvoreándolas luego con harina.

Finalmente se fríen y atraviesan con un palillo. Sólo nos queda preparar una salsita con los tomates pelados y picados, la cebolla también picadita, un majado de ajos, una cucharadita de pimentón, un vaso pequeño de vino, un poco de aceite del que usamos para freír las chayotas, un chorrito de agua y un poquito del relleno.

Cuando la salsa esté casi hecha, le ponemos las chayotas y le damos un hervor final de cuatro o cinco minutos.

MORCILLAS

Ingredientes

La sangre del cochino, 500 g de pasas, 500 g de almendras, 500 g de azúcar, 250 g de pan rallado, matalahúva, canela molida, limón rallado, nuez moscada, perejil y la grasa del menudo.

Preparación:

Para hacer las morcillas es necesario disponer de un lebrillo. En éste, pondremos primero la sangre del cochino, añadiendo después el resto de los ingredientes: las pasas, las almendras peladas y molidas, el pan, la grasa del menudo y finalmente el azúcar con la canela molida, limón rallado, nuez moscada, matalahúva y 2 manojos de perejil picado

Revolvemos bien toda la masa y vamos llenando las tripas; las atamos bien, y sin olvidarnos de pincharlas con una aguja gruesa, las ponemos a guisar en un caldero con mucha agua.

Cuando estén cocinadas se escurren y se dejan secar al aire, de este modo se pueden conservar mucho tiempo.

En el momento de comerlas se fríen en aceite bien caliente.

ESCACHO

Ingredientes

1 k de papas, 1 k de gofio, 250 g de queso duro rallado, mojo verde y sal.

Preparación

Ponemos a guisar las papas peladas con agua y dos puñaditos de sal.

Cuando estén cocinadas, escurrimos el agua y las escachamos agregándole el mojo verde[1].

Esto deberá quedar bastante aguado, por lo que se le va echando el gofio y amasando todo. Antes de terminar de amasar le añadimos el queso rallado y se forma una bola.

Si se va a comer enseguida, también se le puede poner cebolla picada menudita.

---

(1) Ver página 24.

ESCALDÓN

Ingredientes

Gofio, 500 g de carne de cochino, 1 tomate, 2 papas, 1 cebolla, 3 dientes de ajo, tomillo, laurel, pimentón, aceite y sal.

Preparación:

En un recipiente con agua ponemos estos ingredientes: las papas, la carne, el tomate y la cebolla enteros, los ajos majados con un poco de sal, tomillo, laurel, una cucharadita de pimentón y un chorrito de aceite. Lo dejamos al fuego hasta que la carne se ablande y el caldito tome sabor.

En un lebrillo ponemos gofio, añadimos el caldo caliente y las papas escachadas y amasamos bien; por último, picamos la carne en trocitos chicos que esparcimos sobre el escaldón. Este se acompaña con un mojo verde.

El escaldón también se suele preparar con el caldo del puchero de cualquier potaje.

POLINES

Ingredientes

Plátanos verdes o hinchones (que empiezan a madurar), mojo verde y sal.

Preparación:

Cogemos los plátanos sin pelar y les quitamos la cabeza y el rabo, haciéndoles una cortada a lo largo.

Se introducen en un caldero con agua y un puñado de sal y se dejan al fuego hasta que al pincharlos notemos que están blandos.

Los polines suelen comerse con mojo verde o ajos fritos puestos por encima, acompañando al pescado salado asado, con unas papitas guisadas y una pella de gofio.

Pella de gofio: Se amasa el gofio con agua, sal fina y un poquito de aceite. Es conveniente amasarlo bien para que se una; se le da forma redonda y se va cortando en rodajas.

ACEITUNAS CON MOJO

Ingredientes

2 k de aceitunas, 1 cabeza de ajos, 1 pimienta colorada (picona), pimentón, cominos, perejil, vinagre, aceite, orégano y tomillo.

Preparación:

Lavamos bien las aceitunas y las ponemos en un frasco con un majado de ajos, perejil, un poquito de sal, la pimienta colorada, la punta de una cucharita de cominos y pimentón. Añadimos luego un chorro de aceite, otro de vinagre y un poquito de agua.

Finalmente se cubren con orégano y tomillo y se dejan reposar varios días. En el momento de servir se les da unas vueltas.

MOJO DE COCHINO

Ingredientes

Las asaduras del cochino, 500 g de carne de cochino, 250 g de tocino, 1 cabeza de ajos, 3 cebollas, 3 tomates, clavos, pimientas negras, 1 vaso de vino blanco, ½ pimienta roja, vinagre, pimentón, laurel, tomillo, orégano, perejil, 150 g de pasas y 150 g de almendras.

Preparación:

Picamos la asadura en trocitos, la freímos y la colocamos en un caldero, y hacemos lo mismo con la carne y el tocino.

En el mismo aceite, freímos la cebolla y el tomate picaditos, los ajos machacados con 3 clavos, 3 pimientas negras y la pimienta roja picada.

Añadimos a este refrito una cucharadita de pimentón, el vino, un chorrito de vinagre, un poco de agua y lo dejamos hervir. Un momento después, lo vertemos en el caldero con la carne, agregamos un fisquito de sal, una rama de tomillo, un poco de laurel, el orégano, las papas y las almendras. Dejamos el mojo un rato al fuego apartándolo finalmente.

PAPAS CON CARNE

Ingredientes

1 k de carne de cochino o de ternera, 2 k de papas, 2 zanahorias, 1 cebolla, 2 tomates, 1 cabeza de ajos, 1 pimiento, laurel, tomillo, pimentón, 1 vaso pequeño de vino blanco, aceite y sal.

Preparación:

Partimos la carne en pedacitos y la doramos un poco.

Por otra parte vamos preparando una fritura con los tomates, cebolla, pimiento y ajos, todo picadito, añadimos el pimentón, laurel, tomillo y el vino.

Incorporamos a un caldero la carne y la fritura, las zanahorias picaditas y un poco de agua; cuando esté a medio guisar añadimos las papas (si son pequeñas se pueden poner enteras, si son grandes las partimos).

Cuando todos los ingredientes estén cocinados apartamos el caldero y finalmente podemos añadir algunas pasas al gusto.

CARNE DE COCHINO EN ADOBO

Ingredientes

2 k de carne, 2 cabezas de ajos, 1 pimienta colorada, pimientas negras, pimentón, aceite, vinagre, laurel, orégano, tomillo y sal.

Preparación:

Partimos la carne en trozos y le añadimos un adobo preparado de la siguiente manera: machacamos los ajos con la pimienta colorada (que previamente se ha metido en agua caliente) y le agregamos un poquito de sal y varias pimientas negras. Cuando esté todo bien majado le incorporamos una cucharadita de pimentón, orégano, laurel, tomillo, un chorrito de aceite y un vaso pequeño de vinagre.

Ahora dejamos reposar la carne durante doce horas, pasado este tiempo la freímos y ya la podemos servir.

CARNE MECHADA

Ingredientes

1 bola de 2 k de carne de res, 250 g de tocino, 1 cebolla, 2 cabezas de ajos, perejil, pimentón, aceite, 3/4 l de vino, 250 g de almendras molidas, clavos, pimientas negras, laurel, tomillo y sal.

Preparación:

Hacemos un buen majado con una cabeza de ajos, varias pimientas negras y clavos, un puñado de sal, una cucharadita de pimentón, unas ramitas de perejil y almendras molidas.

Entonces procedemos al mechado: primero le haremos varios agujeros a la carne (con un cuchillo o tijera propia para la tarea) por los que vamos a introducir el tocino, previamente cortado en tiras y untado con el majado hecho anteriormente. Hay que tener en cuenta que el tocino debe atravesar la bola de lado a lado.

Cuando hayamos finalizado esta tarea, atamos la carne con un hilo y la doramos en un poco de aceite.

En un caldero aparte vamos poniendo la cebolla picada, la otra cabeza de ajos machacada, el tomillo, el vino, un poquito de agua y un fisquito de sal.

Lo ponemos al fuego y enseguida metemos dentro la carne; cuando ésta se cocine bien, apartamos el caldero y tendremos lista la carne mechada.

PATA DE COCHINO ASADA

Ingredientes

1 pata de cochino, 2 ó 3 cabezas de ajos, pimientas negras, 1 limón, 1 vaso pequeño de vino, nuez moscada, pimentón y orégano.

Preparación:

Lo primero que hacemos es quitarle la piel a la pata. Por otra parte, vamos haciendo un majado con los ajos, pimentón, pimientas negras, nuez moscada, orégano y un poco de sal; cuando esté todo bien machacado añadimos un chorro de aceite, el vino y el jugo del limón.

Cubrimos la pata con este aliño y rodajas de cebollas, dejándola en reposo la noche antes de asarla.

Al siguiente día la metemos al horno hasta que esté asada.

CONEJO EN SALSA

Ingredientes

1 conejo, 3 ó 4 cucharadas de mojo colorado, 1 vaso pequeño de vino, 1 tomate, 1 cabeza de ajos, 1 cebolla, 100 g de almendras, ½ pan, perejil, tomillo, orégano y sal.

Preparación:

Se parte el conejo en trozos y se dora, colocándolo a continuación en un caldero, le añadimos el mojo, un poquito de tomillo, el orégano y el vino.

Por último se pone un poco de aceite del que habíamos utilizado para freír el conejo, un poco de agua y la sal correspondiente, dejándolo a fuego lento hasta que la salsa esté espesa. Antes de retirarlo se le añaden unas papitas fritas partidas en cuadritos.

CONEJO EN SALMOREJO

Ingredientes

1 conejo, 2 cabezas de ajos, 1 pimienta colorada, pimentón, vinagre, aceite, cominos, perejil, orégano, tomillo y sal.

Preparación:

Partimos el conejo en trozos y lo dejamos una noche en un salmorejo que preparamos machacando estos ingredientes: ajos, perejil, orégano, tomillo, pimentón y un poco de sal, añadiendo al final un chorro de aceite y un poquito de vinagre.

Al siguiente día freímos el conejo; cuando esté listo preparamos un mojo con la pimienta colorada, 3 dientes de ajo, cominos, un poquito de sal, vinagre y aceite.

Vertemos el mojito sobre el conejo y ya lo podemos servir.

El conejo en salmorejo se suele acompañar con papas arrugadas.

CABRITO AL HORNO

Ingredientes

1 cabrito, 4 tomates, 2 pimientos verdes, 2 cabezas de ajos, 1 ajo porro, perejil, laurel, tomillo, pimienta negra, ½ vaso de aceite frito, 2 vasos de vino, 1 vaso pequeño de vinagre y sal.

Preparación:

Partimos el cabrito en trozos y lo vamos colocando en una bandeja, con un majado de ajos y 2 ó 3 pimientas negras; añadimos también el orégano, tomillo, laurel y vinagre. Si queremos que no quede muy grasiento es aconsejable dejar la carne en este aliño un día.

Pasado este tiempo metemos el cabrito al horno (habiéndole escurrido antes el vinagre) con la sal, los tomates sin piel ni semillas, los pimientos picados en cuadritos, el laurel, el tomillo, el perejil y el ajo porro también picadito. Finalmente le añadimos el aceite y el vino, dejándolo en el horno hasta que quede bien doradito.

CABRITO COMPUESTO

Ingredientes

1 cabrito, 1 vaso de vino, 1 cabeza de ajos, ½ pan, 100 g de almendras, cominos, pimientas negras, azafrán, vinagre y sal.

Preparación:

Se parte el cabrito en trozos y se pone en un recipiente con vino y sal durante una hora.

A continuación lo freímos y lo vamos poniendo en un caldero.

En el mismo aceite freímos los ajos, el pan y las almendras sin pelar, majamos estos ingredientes con una cucharadita de cominos y 7 u 8 pimientas negras.

Ponemos el cabrito a guisar con el aceite en que se frió, un vaso de agua, un poquito de vinagre, azafrán y el majado hecho anteriormente.

SANCOCHO

Ingredientes

1,5 k de pescado salado, 2 k de papas, 1 cebolla, perejil o cilantro y sal.

Preparación:

Al pescado le sacamos toda la sal que lo cubre, y lo ponemos en remojo un día antes de prepararlo, cambiándole el agua varias veces.

En un caldero con agua ponemos las papas peladas y partidas, el pescado también partido en trozos, un poquito de sal, unas ramitas de perejil o cilantro, y la cebolla entera.

Cuando todos los ingredientes estén bien guisados, escurrimos el agua y servimos el sancocho con un buen mojo colorado y una pella de gofio[1].

El sancocho también se puede preparar añadiendo batatas junto con las papas.

---

(1) Ver página 36.

COMPUESTO DE LAPAS

Ingredientes

Lapas, pan rallado, pimentón, pimienta negra, perejil, vinagre o limón, aceite y sal.

Preparación:

Con ayuda de un cuchillo, raspamos las lapas de tal modo que queden separadas de su cáscara. Las colocamos en un recipiente, espolvoreando sobre ellas el pan rallado, unas ramitas de perejil picado menudito, 2 ó 3 pimientas negras molidas y una cucharadita de pimentón.

Las rociamos finalmente con un chorro de aceite y otro de vinagre o limón, y un poquito de sal.

Ponemos el recipiente con las lapas sobre el fuego hasta que estén blandas, momento justo en el que las apartamos.

CAZUELA

Ingredientes

1 k de pescado, 1 k de papas, 2 ó 3 tomates, 1 cebolla, 1 cabeza de ajos, 1 pimiento, aceite, cilantro o perejil, azafrán, hortelana, pimentón y sal.

Preparación

En el caldero se pone un chorro de aceite, le vamos picando la cebolla y los tomates menuditos; se rehogan bien y después añadimos los ajos y los cominos majados con la sal, el pimiento en rodajas, el cilantro o perejil, azafrán, hortelana, una cucharadita de pimentón y las papas partidas.

Se le añade agua, y cuando haya hervido un rato se le agrega el pescado en rodajas, dejándolo al fuego hasta que se cocine bien.

Apartamos las papas y el pescado, poniéndolos en una bandeja.

Con el caldo podemos preparar la sopa y el escaldón. La sopa, con un poco de hortelana y pan tostado y picadito; el escaldón mezclando el gofio con el caldo hirviendo, también se le pueden poner unas papitas de la cazuela.

Esto se puede acompañar con mojo verde.

TOLLOS

Ingredientes

1 k de tollos, 1 cabeza de ajos, azafrán de la tierra, cominos, aceite, vinagre, 1 pimienta roja, pimentón y sal.

Preparación:

Picamos los tollos en trozos pequeños y los dejamos en remojo la noche antes.

En el momento de prepararlos, se lavan y se ponen en un caldero con agua y los dejamos al fuego hasta que se ablanden.

Finalmente los escurrimos (dejándoles un poco de agua) y vertemos en el caldero un vaso pequeño de aceite, otro de vinagre y un majado de ajos, cominos (la punta de una cucharadita), un poco de azafrán, una cucharadita de pimentón, una pimienta roja y la sal. A este majado se le puede añadir unas migas de pan.

Lo dejamos unos minutos al fuego y ya están listos para comer

VIEJAS SANCOCHADAS

Ingredientes

1 k de viejas, 1 cebolla, 1 tomate, 1 pimiento verde, 1 limón, perejil, azafrán, aceite y sal.

Preparación:

Después de limpiar las viejas, las ponemos en un recipiente con agua al fuego, añadiendo, si queremos que queden más sabrosas, una cebollita, un tomate, un poco de azafrán, una rama de perejil, sal y un poquito de aceite.

Cuando se cocinen, se sacan y ya las podemos servir con unas rodajitas de limón y un buen mojo picón, o si se prefiere con aceite y vinagre.

Las viejas sancochadas se suelen comer con papas también sancochadas, poniéndolas a guisar junto con el pescado, o aparte.

COMPUESTO DE SAMA

Ingredientes

1 k de sama, 2 cebollas, 2 tomates, 1 pimiento verde, 3 dientes de ajo, perejil, cominos, tomillo, laurel, vino blanco, aceite y sal.

Preparación:

Lo primero que hacemos es limpiar el pescado.

En un caldero vamos poniendo la cebolla cortada en lascas, el tomate y el pimiento (también picados), un vaso pequeño de vino, otro de aceite, otro de agua y un majado de ajos con un poquito de sal, perejil y la punta de una cucharadita de cominos tostados.

Metemos el pescado en este mojito; añadimos por último una ramita de tomillo y una hojita de laurel, y lo dejamos guisar a fuego lento hasta que se ablande la sama.

PESCADO EN ESCABECHE

Ingredientes

1 k de pescado, ½ pan duro, 1 cabeza de ajos, 1 pimienta colorada, 1 cucharadita de pimentón, aceite, vinagre (o vino blanco), agua, tomillo, laurel, orégano y sal.

Preparación:

Partimos el pescado en trozos, le añadimos un poco de sal, lo freímos y lo vamos colocando en un caldero.

En el mismo aceite doramos los ajos y el pan partido en trocitos (al pan frito le añadimos un poco de vinagre).

Machacamos los ajos con un poquito de sal y pimienta, que hemos puesto en remojo con agua caliente. Unimos este majado con el pan frito y lo incorporamos a la sartén con el aceite de pescado, añadiendo un poquito de agua, pimentón, tomillo, laurel y orégano; lo dejamos un momentito al fuego, lo vertemos luego sobre el pescado, y se deja hervir unos minutos.

Este plato se suele acompañar con papas arrugadas o sancochadas y queda más sabroso si lo preparamos el día anterior.

PESCADO AL HORNO

Ingredientes

1,5 k de pescado, cebollas, 1 pimiento, limón, aceite, sal, perejil, 2 ó 3 dientes de ajo, tomillo, laurel y nuez moscada.

Preparación:

El pescado se deja entero o bien le hacemos unas cortadas, pero sin separarlo del todo, y le añadimos un poquito de sal.

Aparte, en una bandeja de horno, ponemos la cebolla y el pimiento cortados en rodajas. Colocamos el pescado encima y sobre éste agregamos varias rodajas de limón, los ajos picaditos o bien machacados, el perejil picado menudito, un vaso mediano de vino, un chorrito de aceite, tomillo, laurel y nuez moscada.

Ponemos el pescado, sazonado de esta forma, en el horno hasta que quede blandito, y lo servimos con papas guisadas.

PESCADO ENCEBOLLADO

Ingredientes

2 k de pescado, 3 cebollas, 1 pimiento, 1 cabeza de ajos, 1 pimienta colorada seca, vinagre, aceite, sal, tomillo, laurel, orégano, pimentón, harina, 6 rodajas de pan duro y aceitunas.

Preparación:

Antes de nada, cortamos el pescado en rodajas, le ponemos un poco de sal y lo pasamos por harina.

Por otro lado, en una sartén con un poco de aceite, freímos los ajos y las rodajas de pan. Hervimos la pimienta colorada, la colocamos en el mortero con el pan y los ajos fritos y machacamos todo.

En el mismo aceite freímos el pescado y lo vamos colocando en un caldero.

La cebolla y el pimiento, cortados en rodajas, los doramos en el mismo aceite e incorporamos el majado, una cucharadita de pimentón, tomillo, laurel, orégano, un vaso pequeño de vinagre y otro de agua, y lo tenemos un momento en el fuego.

Vertemos el contenido de la sartén en el recipiente en que pusimos el pescado y lo dejamos unos minutos al fuego.

Finalmente lo apartamos y lo adornamos con unas aceitunas.

FRANGOLLO

Ingredientes

500 g de harina de millo, 3 l de agua, 2 yemas, 250 g de azúcar, 3 cucharadas de mantequilla, 200 g de pasas, cáscara de limón (que esté verde), matalahúva y canela en palo.

Preparación:

Antes de preparar el frangollo tenemos que lavar la harina. A continuación la colocamos en un caldero con los 3 litros de agua, la canela, el limón y un fisquito de matalahúva.

Ponemos el caldero con estos ingredientes a fuego lento, y removemos continuamente para que no se pegue, hasta que se forme una crema espesita; entonces le añadimos las pasas, la mantequilla y las yemas, batiendo todo rápidamente. Ya lo podemos apartar vertiéndolo en una bandeja.

Se suele comer frío con leche azucarada o con miel.

El agua se puede sustituir por leche.

ARROZ CON LECHE

ingredientes

1 taza de arroz, 4 tazas de leche, 4 cucharadas de azúcar, cáscara de limón (verde) canela molida y canela en palo.

Preparación:

Ponemos al fuego la leche con la canela en palo y el azúcar.

Cuando hierva, añadimos el arroz con la cáscara de limón y lo dejamos a fuego lento, removiéndolo para que no se pegue al caldero.

Se aparta del fuego cuando el arroz esté blandito y se sirve espolvoreado de canela en polvo.

Del mismo modo que hemos preparado el arroz con leche, se pueden hacer los fideos con leche.

CABELLO DE ÁNGEL

Ingredientes

Pantana curada (que tenga la cáscara dura), canela en palo y ralladuras de limón.

Preparación:

A la pantana le quitamos la cáscara y las pipas, la partimos en trozos y la ponemos a guisar con abundante agua. Cuando esté blandita se desmenuza y se lava con agua dos o tres veces, la escurrimos bien y la pesamos.

Ponemos en el caldero igual cantidad de pantana que de azúcar, canela, ralladuras de limón y dos vasos de agua (si se tenía 1 k de pantana). Se pone a cocinar removiéndola hasta que tome un color ligeramente dorado; la apartamos y la dejamos enfriar.

REBANADAS DE CARNAVAL

Ingredientes

1 ó 2 panes duros, ½ l de leche, 200 g de azúcar, 3 huevos, matalahúva, 1 limón rallado y canela molida.

Preparación:

Batimos los huevos; se añade a continuación la leche, matalahúva, ralladuras de limón y canela; removemos esta mezcla y acto seguido vamos introduciendo el pan cortado en rodajas. Dejamos que se empapen bien y las vamos friendo. Cuando estén doraditas las apartamos y las colocamos en una bandeja espolvoreándolas con azúcar.

Otra forma de preparar las rebanadas consiste en hervir la leche con el azúcar, canela en rama y cáscaras de limón; en otro recipiente batimos los huevos y finalmente mojamos el pan en la leche, a continuación en el huevo, y ya está listo para freír.

SOPAS DE MIEL

Ingredientes

2 panes duros, 500 g de miel, 250 g de almendras, matalahúva, cáscara de limón y canela en palo.

Preparación:

Tostamos las almendras y las partimos en trocitos.

Ponemos un caldero chato al fuego con la miel, una cucharadita de matalahúva, la cáscara de limón y la canela en palo.

Cuando la mezcla hierva, incorporamos las almendras y el pan cortado en rodajas empapándolo bien.

Retiramos seguidamente el pan hacia una bandeja y lo bañamos con el resto de la mezcla.

Conviene dejar enfriar estas sabrosísimas sopas antes de consumirlas.

TORTILLAS DE CARNAVAL

Ingredientes

6 huevos, ½ l de leche, 250 g de azúcar, harina, limón verde rallado, matalahúva y canela molida.

Preparación:

Batimos las claras a punto de nieve, y se va añadiendo poco a poco, y sin dejar de batir el azúcar.

Ponemos luego las yemas, la leche, el limón rallado, 1/2 cucharadita de matalahúva, la misma cantidad de canela y la harina necesaria para formar una masa espesita, removiéndolo todo una y otra vez.

A continuación ponemos en una sartén un chorrito de aceite y la colocamos al fuego hasta que se caliente, vertemos la pasta y se hace de la misma forma que una tortilla de papas.

Una vez terminada, la untamos con miel y quedará más gustosa.

TORTAS DE CALABAZA

Ingredientes

250 g de calabaza, 1 vaso pequeño de leche, 1 vaso pequeño de azúcar, huevos, limón verde rallado, canela y matalahúva.

Preparación:

La calabaza una vez pelada y hecha trozos, se pone a cocinar con agua hasta que se ablande; es entonces cuando la retiramos del caldero, la escachamos con ayuda de un tenedor y mezclamos con los huevos batidos, la leche, el azúcar, el limón rallado, canela y matalahúva.

Ponemos una sartén con aceite al fuego, a la que añadimos una cáscara de naranja o de limón y cuando esté bien caliente se va echando la pasta a cucharadas, obteniéndose así las tortas de calabaza.

POLVORONES

Ingredientes

500 g de azúcar, 500 g de manteca, 1k de harina, canela molida, limón verde rallado y matalahúva molida.

Preparación:

Ponemos todos los ingredientes en una vasija y los mezclamos con las manos para que la pasta quede más unidita.

Ahora vamos haciendo los polvorones: cogemos con la mano un fisquito de pasta y lo aplastamos un poco, en forma de galleta; y así seguimos haciendo hasta terminar con toda la pasta.

Por último colocamos los polvorones en una milana untada con mantequilla o manteca, y los metemos al horno hasta que se doren.

Con estos mismos ingredientes y cantidades, podemos preparar mantecados, sólo debemos añadir a la pasta 6 huevos y un poquito de sal.

LECHE ASADA

Ingredientes

½ l de leche, 4 huevos, limón verde, canela molida, 3 cucharadas de azúcar y un fisquito de sal.

Preparación:

Se baten los huevos como para una tortilla y se unen con la leche, las ralladuras del limón, un poquito de canela, el azúcar y un fisquito de sal.

Esta mezcla se pone en una bandeja untada en mantequilla y se mete en el horno.

Es recomendable colocar la bandeja en el horno encima de otra que tenga un poquito de agua.

Una variante muy sabrosa de esta receta consiste en añadirle 2 botes de leche condensada al mismo tiempo que la natural.

BUÑUELOS DE QUESO

Ingredientes

250 g de harina, 100 g de azúcar, 250 g de queso duro rallado, 2 huevos y polvos de levantar.

Preparación:

Mezclamos la harina con el azúcar y los polvos de levantar. Añadimos el queso rallado y los huevos batidos, removiendo todo bien para que quede una pastita homogénea.

Ahora vamos friendo la pasta a cucharadas con bastante aceite, que ya tenemos al fuego.

Se sirven untadas con almíbar o miel.

TORTA DE VILANA

Ingredientes

300 g de pagas, 500 g de azúcar, 250 g de harina, 200 g de manteca, 1 cucharada de mantequilla, 2 cucharadas de pan rallado, 300 g de almendras, 8 huevos, 250 g de pasas, canela en polvo, ralladuras de limón verde, matalahúva, 1 sobre de polvos de levantar, nuez moscada y un chorrito de aceite.

Preparación:

Se vierten en un recipiente los huevos, el azúcar, las papas guisadas y escachadas, el pan rallado y lo amasamos todo con las manos. Se le añade la mitad de las almendras peladas y molidas, las pasas a las que previamente se les han quitado los rabos, la harina, un poco de manteca, canela, nuez moscada, ralladuras de limón, una cucharadita de matalahúva, los polvos de levantar, la mantequilla y lo terminamos de amasar. La pasta no debe quedar dura ni excesivamente líquida.

Cubrimos la vilana o milana con papel marrón de envolver; lo untamos bien con la manteca y un poquito de aceite, espolvoreándolo finalmente con un poco de harina. Vertemos la masa (que no quede con mucha altura), y la adornamos con las almendras peladas y partidas a la mitad o enteras.

Se tiene en el horno una hora aproximadamente, al principio a fuego alto, y una vez que suba la masa se puede bajar un poco.

La torta estará lista cuando al introducir una aguja, ésta salga limpia.

MARQUESOTES

Ingredientes

5 huevos, 300 g de azúcar, 300 g de harina, polvos de levantar, ralladura de 1 limón verde y canela molida.

Almíbar: 200 g de azúcar y ½ vaso de agua.

Preparación:

Separamos las claras de las yemas, batiendo las primeras hasta que queden a punto de nieve. Añadimos ahora el azúcar hasta que se disuelva y acto seguido agregamos las yemas sin dejar de batir.

A continuación vertemos la harina con los polvos de levantar y la canela, removiendo hasta que la pasta quede homogénea.

La introducimos en una milana untada en mantequilla y la ponemos al horno, sabemos que está a punto cuando al meter una aguja, ésta salga seca.

Mientras se está haciendo el bizcocho se va preparando el almíbar poniendo medio vaso de agua al fuego, cuando esté un poco caliente le añadimos 200 g de azúcar y el limón rallado, removiéndolo continuamente hasta que tome su punto.

Cortamos los marquesotes en forma de rombos y los bañamos en un almíbar.

También se pueden preparar de otra manera: en lugar de almíbar, se adornan con merengue (claras batidas a punto de nieve con una cucharada de azúcar por cada clara). Y los volvemos a colocar en el horno hasta que el merengue se seque.

BIZCOCHÓN

Ingredientes

6 huevos, 2 tazas de azúcar, 2 tazas de harina (un poco menos), ½ taza de aceite, ½ taza de leche, 1 sobre de polvos de levantar, 1 limón verde rallado y canela molida.

Preparación:

Batimos las claras a punto de nieve, añadimos entonces las yemas y sin dejar de batir vertemos el azúcar, poco a poco hasta que se derrita, lo mismo hacemos con la harina, el aceite y la leche.

Seguimos removiendo la pasta, poniendo por último las ralladuras del limón, los polvos de levantar y la canela.

Vertemos la pasta en un molde untado en mantequilla y lo ponemos al horno. Sabremos que está a punto al pinchar el bizcochón con una aguja y ésta salga limpia.

PAN DE ALMENDRAS

Ingredientes

500 g de almendras, 750 g de azúcar, 250 g de harina, 6 huevos, 1 l de leche, polvos de levantar, matalahúva molida, canela y limón verde rallado.

Preparación:

Pelamos y molemos las almendras.

Hecha esta operación, agregamos el azúcar, la harina, los huevos batidos y la leche. Removemos bien esta masa, y ponemos finalmente una cucharadita de polvos de levantar, un poquito de matalahúva y de canela, sin olvidarnos del limón rallado.

Untamos un molde con mantequilla, vertemos la pasta y lo ponemos al horno hasta que se dore.

QUESADILLAS

Ingredientes

1 k de queso tierno sin sal, 250 g de harina, 500 g de azúcar, 3 huevos, canela molida, 1 limón verde rallado y matalahúva.

Preparación:

Mezclamos el queso molido con el azúcar, la harina y los huevos batidos. Añadimos también canela, ralladuras de limón y un poquito de matalahúva.

Con la harina y un poco de agua preparamos una masa fina, la estiramos con un rodillo y la colocamos en el molde; vertemos en el mismo la pasta y lo ponemos en el horno hasta que se dore la quesadilla.

TRUCHAS

Ingredientes

Relleno: 500 g de batatas, 250 g de almendras peladas y molidas, 1 vaso pequeño de azúcar molida, 3 yemas, anís, ron, matalahúva molida y canela molida.

Hojaldre: 3 cucharadas soperas de manteca, 1 vaso pequeño de aceite de oliva y 500 g de harina.

Preparación:

Relleno: Se mezclan las batatas guisadas y escachadas con las almendras molidas, el limón rallado, el azúcar, las yemas, un chorrito de anís y otro de ron, una cucharadita de matalahúva y otra de canela.

Hojaldre: Mezclamos la manteca, el aceite y la harina: lo amasamos muy bien dejándolo reposar un poquito y se extiende en una mesa espolvoreada de harina, con ayuda de un rodillo o botella hasta que quede muy fina. Se corta en redondeles poniendo un poco de relleno en la mitad de cada uno y se doblan con ayuda de un tenedor.

Finalmente freímos las truchas, y una vez escurridas se espolvorean con azúcar. Si queremos guardarlas las podemos meter en latas, ya que así se conservan bien.

QUESO DE ALMENDRAS

Ingredientes

500 g de almendras, 500 g de azúcar, 8 yemas, 3 claras, 1 limón verde rallado, canela molida y 1/4 l de agua.

Preparación:

Ponemos una cacerola al fuego con 1/4 l de agua; cuando esté un poco caliente, añadimos el azúcar y lo revolvemos durante un buen rato hasta que el almíbar tome su punto, entonces lo apartamos del fuego.

Aparte, batimos un poquito las claras, les añadimos las yemas y mezclamos bien; vertemos esto en la cacerola con el almíbar, poniéndola de nuevo al fuego hasta que comience a hervir, momento en que añadimos las almendras peladas y molidas, la ralladura del limón y la punta de una cucharita de canela.

Removemos la pasta continuamente a fuego lento para que no se pegue; estará lista cuando se vaya despegando de las paredes del caldero. Entonces la apartamos y la ponemos en un molde untado previamente con aceite o mantequilla.

ALMENDRADOS

Ingredientes

1 k de almendras, 1 k de azúcar, 5 huevos, 1 limón verde, canela molida y manteca.

Preparación:

Lo primero que haremos es quitar la piel a las almendras y seguidamente molerlas.

En un recipiente vamos vertiendo los ingredientes en este orden: almendras, azúcar, huevos batidos, ralladuras de un limón, el zumo del mismo y una cucharadita de canela.

Mezclamos toda la pasta bien, y la vamos colocando en montoncitos aplastados sobre la bandeja del horno, previamente untada con manteca, y se hornea hasta que los almendrados tomen un color dorado.

BIENMESABE

Ingredientes

500 g de almendras, 750 g de azúcar, ½ l de agua, 8 yemas, canela molida y limón verde rallado.

Preparación:

Pelamos y molemos las almendras.

Se prepara un almíbar poniendo 1/2 l de agua al fuego y cuando se caliente un poco le añadimos el azúcar; en el momento en que esté listo el almíbar se le agregan las almendras, el limón rallado y la canela. Lo dejamos a fuego lento hasta que espese, sin olvidarnos de removerlo.

Una vez frío, se baten 8 yemas que agregamos a la pasta ya preparada, y se pone al fuego hasta que hierva.

En algunos lugares suelen poner las almendras peladas y tostadas.

Se deja enfriar antes de servir.

RAPADURAS

Ingredientes

1 l de miel de caña, 500 g de azúcar, 250 g de almendras, 1 limón verde rallado, matalahúva, canela molida y gofio.

Preparación:

Ponemos en un caldero a fuego lento, estos ingredientes: miel, azúcar, canela, limón rallado y matalahúva.

Lo dejamos al fuego sin dejar de remover hasta que hierva y lo apartamos, batiendo siempre para que no forme grumos. Cuando lo veamos cuajadito, añadimos las almendras previamente peladas, tostadas y molidas (o picadas menuditas) y el gofio, hasta formar una masa espesa.

Removemos una vez más la masa y la vamos colocando en moldes de aluminio en forma de embudo, que previamente han sido engrasados con mantequilla.

Cuando se hayan enfriado bien las sacamos de los moldes y ya tenemos las rapaduras a punto.

GOFIO DE ALMENDRAS

Ingredientes

2 k de gofio (uno de trigo y otro de millo), 500 g de miel, 250 g de manteca, 5 limones rallados, 500 g de almendras y 1/4 l de vino.

Preparación:

Molemos bien las almendras y las tostamos con las ralladuras de los limones, sin dejarlo mucho tiempo al fuego, ya que el limón daría un sabor amargo.

A esta pasta le añadimos el vino y la misma cantidad de agua (o más según gustos). Lo ponemos al fuego y removemos bien con una cuchara de palo, añadiéndole finalmente la miel, la manteca y el gofio. Removemos continuamente la masa para que quede unidito.

Se aparta finalmente, y una vez frío formamos las pelotas, que podemos guardar en un recipiente cerrado durante bastante tiempo sin que se estropeen.

GALLETAS DE NATA

Ingredientes

1 taza de nata de leche (que sea de vaca o cabra, en su defecto una lata de nata), 2 k de harina, 500 g de azúcar, 1 taza de manteca, ½ taza de aceite, 1 paquete de mantequilla, 6 yemas, 3 claras, canela en polvo, 1 cucharada de matalahúva, ralladuras de limón verde y 1 cucharada de bicarbonato.

Preparación:

Amasamos bien todos los ingredientes en un recipiente grande hasta obtener la consistencia deseada.

Extendemos la masa con un rodillo o botella de cristal dejándole un grosor de medio centímetro y le damos la forma que más nos guste: redondas, cuadradas, etc.

Las colocamos en el recipiente que tenemos preparado con un papel engrasado y las metemos en el horno hasta que estén doraditas.

ARROPE

Ingredientes

Mosto.

Preparación:

Con el mosto obtenido de la pisa de las uvas, podemos preparar un licor muy gustoso.

Solamente tenemos que poner el mosto al fuego y dejarlo espesar (lo que lleva bastante tiempo). Conviene removerlo de vez en cuando para que no se pegue al caldero.

Es muy sabroso amasado con gofio.

MEJUNJE

Ingredientes

1 l de ron, 250 g de azúcar morena, 5 cucharadas de miel de abeja, 2 rodajas de limón verde, canela en polvo y hortelana.

Preparación:

Mezclamos el azúcar con el ron y dejamos que se derrita bien; añadimos entonces la hortelana, miel, varias rodajas de limón y un fisquito de canela. Esto lo dejamos en un recipiente cerrado.

Pasada una semana colocamos el licor y se embotella con unas hojitas de hortelana.

HUEVOS ESPIRITUALES

Ingredientes

2 yemas, ½ l de vino viejo o aguardiente, 100 g de azúcar, cáscara de limón y canela molida.

Preparación:

Batimos las yemas y poco a poco vamos añadiendo el vino, azúcar, canela y limón.

Removemos todo bien hasta que el azúcar se derrita; lo ponemos al fuego un momentito sin dejar de batir, y lo apartamos antes de que hierva.

LICOR DE RUDA

Ingredientes

1 k de azúcar, 1 l de aguardiente, ½ l de agua, 2 ó 3 ramitas de ruda, cáscara de limón y canela molida.

Preparación:

Ponemos en un recipiente de cristal cerrado durante diez días: la ruda, el aguardiente, el limón y la canela.

Pasado dicho tiempo, preparamos un almíbar espesito (1 k de azúcar y ½ l de agua), lo vertemos en el aguardiente y finalmente lo filtramos y embotellamos.

LICOR DE CAFÉ

Ingredientes

500 g de café molido, 1 l de aguardiente, ¾ l de agua, 750 g de azúcar y una ramita de reina luisa.

Preparación:

Mezclamos el café con aguardiente y la reina luisa y lo dejamos reposar durante dos semanas en un recipiente de cristal cerrado.

Pasado este tiempo preparamos un almíbar con el agua y el azúcar; cuando se espese y enfríe, se vierte en el aguardiente y se deja quieto dos semanas.

Es entonces cuando lo filtramos y guardamos en botellas.

LICOR DE LECHE

Ingredientes

1 l de alcohol, 1 k de azúcar, 1 l de leche, rodajas de limón y canela en rama.

Preparación:

Hacemos un almíbar con un vaso de agua y el azúcar; cuando espese lo apartamos y dejamos enfriar, añadiendo entonces la leche, el alcohol, tres rodajas de limón y un poquito de canela.

Lo dejamos en reposo dos semanas, al término de las cuales lo filtramos y guardamos en botellas.

MISTELA

Ingredientes

1 l de caña o aguardiente, 4 naranjas del país, 1 ó 2 paquetes de matalahúva, 2 palos de canela, 1 l de agua y 1 k de azúcar.

Preparación:

Se pelan finamente las naranjas y colocamos su cáscara en un recipiente de cristal cerrado con la matalahúva, la canela y el aguardiente durante 15 días aproximadamente.

Se hace el almíbar con el litro de agua y el azúcar; se deja enfriar y se mezcla con lo anterior. Se filtra y ya lo podemos embotellar.

LICOR DE BERROS

Ingredientes

1 l de aguardiente o alcohol, 250 g de berros, 1 k de azúcar y ½ l de agua.

Preparación:

En primer lugar se lavan y se limpian bien los berros.

A continuación, se ponen con el aguardiente en un recipiente de cristal cerrado durante una semana.

Pasado este tiempo lo colamos y agregamos el almíbar que se ha preparado con 1 k de azúcar y ½ l de agua.

Guardamos el licor en botellas dejándolo reposar varios días, y ya lo podemos degustar.

ÍNDICE

OTRAS PUBLICACIONES

LA COCINA DE CANARIAS

LO MEJOR DE LA COCINA CANARIA. Varios autores
LOS MEJORES POSTRES DE CANARIAS. Remedios Sosa y Alberto Hernández
LA COCINA TRADICIONAL DE EL HIERRO. Flora Lilia Barrera Álamo
COCINA SANA CON PRODUCTOS CANARIOS. Coord. Josefina Montero
POSTRES Y LICORES DE LA PALMA. Carmen N. Duque
TODOS LOS MOJOS DE CANARIAS. Flora Lilia Barrera y Dolores Hernández
APRENDA CON LA COCINA. Lourdes Soriano
TODAS LAS RECETAS CON GOFIO. Lourdes Soriano
LOS POSTRES CANARIOS DE DOÑA TOMASA. F. Rodríguez Machado
LAS RECETAS CANARIAS DE DOÑA TOMASA. F. Rodríguez Machado
COCINA RÁPIDA Y ECONÓMICA DE CANARIAS I y II. F. Rodríguez Machado
COCINA CANARIA BAJA EN CALORÍAS. Manuel Huerta
COCINA CANARIA PARA MANTENERSE JOVEN. Manuel Huerta

LA GRAN BIBLIOTECA DE CANARIAS

LA ENCICLOPEDIA DE CANARIOS ILUSTRES. VV.AA.
CANARIAS. LA GRAN ENCICLOPEDIA DE LA CULTURA. VV.AA.
LA GRAN AVENTURA DE CANARIAS. VV.AA. (Enciclopedia)
CANARIAS EN IMÁGENES. VV.AA. (Enciclopedia)
CANARIAS ISLA A ISLA. VV.AA. (Enciclopedia)
LA ENCICLOPEDIA TEMÁTICA E ILUSTRADA DE CANARIAS. VV.AA.
LOS SÍMBOLOS DE LA IDENTIDAD CANARIA. VV.AA.
GRAN DICCIONARIO GUANCHE. Francisco Osorio
GRAN DICCIONARIO DEL HABLA CANARIA. Alfonso O´Shanahan
ANTOLOGÍA DE LA LITERATURA CANARIA (Estuche con cuatro obras)

PARA LOS MÁS JÓVENES

UN BARRANCO JUNTO A TU CASA – A RAVINE NEAR YOUR HOUSE. Pepa Aurora
ANIMALES PEDORRETAS Y OTROS CUENTOS E HISTORIETAS DE CANARIAS. Mary Fumero
CUENTOS DE LA ABUELA MAJARETA. Maribel Lacave
LA MORENA CHIPIRIPI Y OTROS CUENTOS CANARIOS PARA LOS MÁS JÓVENES. Pepa Aurora
EL PRÍNCIPE VAGO. Ana Lucía Domínguez Báez
POPÓ, EL ESCARABAJO DE LAS DUNAS. Pepa Aurora
EL GAROÉ. LA LEYENDA DEL ÁRBOL DEL AGUA. Emilio González Déniz
LA ISLA DE LAS ARDILLAS. Pepa Aurora
ICO. LA PRINCESA BLANCA. Emilio González Déniz
¡ADIVINA ADIVINANZA...! Francisco Tarajano

CUENTOS CANARIOS PARA NIÑOS (III). Isabel Medina
CUENTOS CANARIOS PARA LOS MÁS JÓVENES. Pepa Aurora
EL CORAZÓN DE LA MONTAÑA ROJA. Isabel Medina
ADIVINAS CANARIAS PARA NIÑOS. Francisco Tarajano

POESÍA Y NARRATIVA

ANTOLOGÍA POÉTICA. Pedro García Cabrera
ANTOLOGÍA POÉTICA. Agustín Millares Sall
ANTOLOGÍA POÉTICA. Carlos Pinto Grote
ANTOLOGÍA POÉTICA. Luis Cobiella
LA BODEGA. José Juan Pérez Pérez
EL COLLAR DE CARACOLES. Félix Casanova de Ayala
BOLERO PARA UNA MUJER. Emilio González Déniz
EL CACIQUE. Luis Rodríguez Figueroa
LAS ESPIRITISTAS DE TELDE. Luis León Barreto
GUANCHE. Enrique Nácher
LA PRISIÓN DE FYFFES. José Antonio Rial
LOS MAJALULOS. Andrés Rodríguez Berriel
EL GIRO REAL. Elfidio Alonso

OTROS TÍTULOS DE INTERES

LA MITOLOGÍA. Marcos Martínez (Todo sobre Canarias)
LOS ABORÍGENES. Juan Francisco Navarro Mederos (Todo sobre Canarias)
EL HABLA. Marcial Morera (Todo sobre Canarias)
ANTOLOGÍA DE DICHOS Y REFRANES DE CANARIAS COMENTADOS
LA CRONOLOGÍA DE CANARIAS (Textos Fundamentales). Varios autores
DICCIONARIO BÁSICO DEL HABLA CANARIA. Varios autores
LEYENDAS CANARIAS. Varios autores (Narrativa)
MANUAL DE MEDICINA POPULAR CANARIA. LOS SECRETOS DE NUESTROS VIEJOS YERBEROS. José Jaén Otero
PRÁCTICAS Y CREENCIAS DE UNA SANTIGUADORA CANARIA. D. G. Barbuzano
LA BRUJERÍA EN CANARIAS. Domingo García Barbuzano (Temas canarios)
CANARIAS. ECOLOGÍA, MEDIO AMBIENTE Y DESARROLLO. VV. AA.
LA FAUNA DE CANARIAS. Varios autores (Naturaleza)
NOMBRES PROPIOS ABORÍGENES DE CANARIAS. Francisco Osorio
CANCIONERO DE LOS SABANDEÑOS. (Coplas y Canciones)
COPLAS INOLVIDABLES. Manuel Haro
COPLAS ISLEÑAS. María Ángeles Marrero
EL JUEGO DEL PALO CANARIO. Ángel González Torres y Alejandro Rodríguez Buenafuente (Juegos y Deportes Autóctonos y Tradicionales de Canarias)
LA VELA LATINA CANARIA. Alejandro Rodríguez Buenafuente
LA LUCHA CANARIA. José Matías Palenzuela y José Víctor Morales
LA BOLA CANARIA. Sergio Saavedra Umpiérrez